CONTRIBUTION

A L'ÉTUDE

DE

LA LANGUE LOLO

PAR

PAUL BOELL

ANCIEN ÉLÈVE DE L'ÉCOLE DES HAUTES-ÉTUDES
MEMBRE DE LA SOCIÉTÉ ASIATIQUE

PARIS
ERNEST LEROUX, ÉDITEUR
28, RUE BONAPARTE, 28

1899

In the interest of creating a more extensive selection of rare historical book reprints, we have chosen to reproduce this title even though it may possibly have occasional imperfections such as missing and blurred pages, missing text, poor pictures, markings, dark backgrounds and other reproduction issues beyond our control. Because this work is culturally important, we have made it available as a part of our commitment to protecting, preserving and promoting the world's literature. Thank you for your understanding.

CONTRIBUTION

A L'ÉTUDE

DE LA LANGUE LOLO

Le présent travail a été communiqué au dernier Congrès international des Orientalistes (section de l'Extrême-Orient).

Par une circonstance indépendante de la volonté de l'auteur, il a été remis trop tard pour pouvoir être inséré dans les Actes du Congrès.

CONTRIBUTION

A L'ÉTUDE

DE LA LANGUE LOLO

Les documents linguistiques qui suivent ont été recueillis par moi, au cours d'un voyage d'études dans la Chine méridionale effectué pendant l'année 1892. Ils n'ont pas, je crois, perdu de leur intérêt, malgré le long retard apporté à leur publication, aucune information nouvelle, à ma connaissance, n'étant venue s'ajouter, en ces dernières années, à ce que nous savions de la langue lolo.

Nous connaissions, jusqu'à ce jour, trois vocabulaires plus ou moins étendus en langue lolo.

Le premier en date fut recueilli par le commandant Doudart de Lagrée en 1867 et publié en 1873[1]. Il provient des environs de Yuen-Kiang-tcheou, localité située entre Lin-ngan-fou et Pou-eul-fou, dans la province chinoise du Yun-nan, non loin de la frontière du Tonkin.

Le second vocabulaire est dû aux soins de M. Baber[2], secrétaire-interprète de la légation britannique en Chine. Il recueillit ses très intéressantes observations dans le Sse-tchouen méridional, dans cette sorte de *réserve*, appelée le Ta-liang-chan, où les Lolo ont conservé jusqu'à ce jour une véritable autonomie, ou pour mieux dire une demi-indépendance.

En troisième ligne, par ordre de dates, vient le vocabulaire de

---

1. *Voyage d'Exploration en Indo-Chine, en 1866, 67 et 68,* publié sous la direction de Francis Garnier. Paris, 1873.
2. E. Colborne Baber. — *Travels and Researches in Western China.* (Royal geographical Society. — Supplementary papers, vol. I, part. 1). Londres, 1882.

M. Hosie[1], consul de S. M. Britannique en Chine, qui visita la même région du Ta-liang-chan, déjà parcourue par M. Baber.

Nous devons encore une courte mais intéressante liste de mots à M. Bourne[2], également membre du corps consulaire britannique en Chine.

Enfin, il faut mentionner l'homme le mieux placé actuellement pour nous fournir des renseignements précis sur la langue des Lolo: le P. Vial, missionnaire catholique au Yun-nan, auquel on doit déjà de très précieuses indications sur la civilisation et l'écriture de ce peuple. Nous attendons de lui un dictionnaire étendu du dialecte nyi-pa qu'il connaît bien, avec la comparaison des dialectes voisins, et aussi un recueil aussi complet que possible des signes graphiques usités dans la région avec leur signification et leur valeur phonétique. Nous serions heureux que le P. Vial pût trouver, au milieu des soins absorbants de son apostolat, le temps nécessaire pour mener à bien cette œuvre considérable. Il a déjà publié un travail intéressant[3], qui, nous voulons l'espérer, n'est que la préface de travaux plus importants.

Le vocabulaire que je publie aujourd'hui a été recueilli au Yun-nan. Il comprend des mots provenant de trois dialectes parlés dans la préfecture de Kiu-tsing-fou.

Le dialecte *nyi* ou *nyi-pa* est celui de la tribu lolo évangélisée par le P. Vial. Elle occupe, suivant ce missionnaire, un rectangle borné aux quatre points cardinaux par les villes suivantes: Lou-liang-tcheou, au nord; Mi-lo-hien, au sud; Kuang-si-tcheou, à l'est; Lou-nan-tcheou, à l'ouest. Les mots recueillis proviennent du village de Lou-mei-i, résidence du P. Vial.

La tribu qui s'appelle elle-même du nom de *a-hsi* est voisine des *nyi*, au sud de ceux-ci. Le vocabulaire que j'ai recueilli

---

1. Alex. Hosie. — *Report of a journey through the provinces of Ssu-ch'uan, Yünnan and Kwei-chou.* (Parliamentary papers. China II, 1884).

2. F. S. A. Bourne. — *Report of a journey through South-Western China.* (Parliamentary papers. China I, 1888).

3. Paul Vial. — *De la Langue et de l'Ecriture indigènes au Yun-Nan.* Angers, 1890.

provient du village nommé Fong-hoang-chan par les Chinois et *Mo-te-le* par les *A-hsi*.

La tribu *Na-sö-pö* est établie au nord de Lou-liang-tcheou. C'est d'un indigène de cette tribu, rencontré à I-liang-hien, que j'ai obtenu les mots de la seconde colonne de mon vocabulaire.

Je joins à ces listes de mots deux textes en dialecte *nyi-pa*. L'un est le commencement d'une chanson dont je dois la traduction à l'obligeance du P. Vial, qui fut en mainte occasion mon guide autorisé durant mon séjour en pays lolo. L'autre est extrait d'une sorte de géographie chantée, que les *Nyi* appellent du nom de *Mi fö kö* (*mi* = terre), dont, si j'en crois le P. Vial, les indigènes ont à peu près entièrement oublié le sens. C'est une présomption, sinon une certitude en faveur de l'ancienneté du texte.

Quoi qu'il en soit, j'ai cru devoir donner plusieurs couplets de ce *Mi fö kö*. Ils pourront prêter, je l'espère, à quelques observations sur la phonétique du lolo. Peut-être aussi découvrira-t-on, chez d'autres tribus lolo ou chez des populations voisines ou linguistiquement apparentées, des productions poétiques analogues : la comparaison des unes et des autres serait intéressante.

Chaque couplet du *Mi fö kö* comprend trois vers de cinq syllabes chacun[1]. Le nom de la localité (ville ou montagne) à laquelle le couplet s'applique est toujours donné dans le dernier vers. Dans le texte que je publie, ce nom est imprimé en capitales.

Les couplets de la chanson : *ema nö sha la* sont de quatre vers, également de cinq syllabes. Il n'y a de rime dans l'une ni dans l'autre des poésies.

Je me suis complètement interdit, dans ce court travail, purement *documentaire*, toute incursion sur le terrain, attrayant certes, mais toujours très dangereux des rapprochements historiques ou linguistiques. Quelle est l'origine des Lolo ? Sont-ils,

---

1. Lorsqu'on croit constater des exceptions à cette règle, comme dans la 5ᵉ strophe, l'anomalie est simplement due à des contractions.

comme le voudraient certains auteurs, feu M. Terrien de Lacouperie, par exemple, les descendants de ces anciens *Jung* contre lesquels luttèrent si longtemps les envahisseurs chinois ? Viennent-ils du Nord ? du Sud ?... A quelles populations sont-ils apparentés, comme race ou comme langue ? aux Birmans ? aux Si-fan ? aux Tibétains ?... Autant de questions intéressantes, dont l'étude n'a pas trouvé sa place ici. Nous la tenterons peut-être ultérieurement.

C'est donc un simple *document*, sans enjolivement d'aucune sorte, que nous présentons ici au public. Il ne prétend qu'à un seul mérite, essentiel il est vrai : une minutieuse exactitude. Chacun des mots recueillis n'a trouvé sa place dans les colonnes de notre vocabulaire qu'après avoir été entendu plusieurs fois, afin d'en noter la prononciation exacte. Pour les dialectes de la première et de la troisième colonne, chaque mot a été contrôlé par trois ou quatre indigènes *ahsi* ou *nyipa*.

Je me suis appliqué, sans craindre les complications orthographiques, à rendre les sons entendus avec toute la précision dont j'étais capable. Je crois donc pouvoir garantir la parfaite fidélité de mes transcriptions. J'indique, dans un tableau spécial, la valeur de chaque voyelle et de chaque consonne ou groupe de consonnes transcrites.

Il m'a paru intéressant de donner, à côté des mots de mon vocabulaire, les mots correspondants des vocabulaires de MM. Doudart de Lagrée, Baber et Hosie. Leur comparaison montrera clairement l'unité linguistique des tribus lolo.

Je crois devoir placer ici, pour compléter mes observations, quelques remarques sur la grammaire du lolo.

Nous possédons assez de documents sur la langue lolo pour pouvoir la ranger sans hésitation dans le vaste groupe (je ne dis pas : la famille) des langues qu'on est convenu d'appeler *monosyllabiques* ou *isolantes*. Adoptons l'une ou l'autre de ces appellations commodes, mais en évitant de les entendre dans un sens étroit ou absolu.

Le substantif, en lolo, est indéclinable, l'adjectif invariable, le verbe inconjugable. Il n'y a donc pas de grammaire, à proprement parler. Toutes les règles de la langue se réduisent à la syntaxe. Nous les formulerons en quelques lignes, au moyen des exemples suivants dus à l'obligeance du P. Vial.

a) L'idée de possession (génitif) s'exprime en plaçant le substantif possédé après le substantif possesseur.

Ex. : Le cheval du chef
dzö-mu   mu
chef   cheval

b) L'adjectif se place après le substantif.

Ex. : Un cheval blanc.
mu   shlu
cheval   blanc

c) Le verbe se place après ses compléments, directs ou indirects.

Ex. : Acheter une poule.
ye   tima   vè
poule   une   acheter

aller à Yun-nan-fou
Goza   de
Yun-nan-fou   aller

d) Le sujet précède le verbe.

Ex. : tu as mangé.
ni   dza   ha
toi   manger   marque du passé (?)

La phrase complète est ainsi construite :
sujet — complément direct — complément indirect — verbe

Ex. : J'achète une poule à Tchou-Yuen.
nga   ye   tima   Kodi   vè
moi   poule   une   Tchou-Yuen   acheter

Si nous empruntons les indices idéologiques inventés par M. Terrien de Lacouperie, nous aurons pour le lolo la formule : 1, 4, 5, 8, III.

La forme interrogative est la suivante :

Kala jö, où allez-vous ?
où aller,

ou bien

Ko u jö, même sens,

suivant qu'on est en plaine ou en montagne.

Kala 'ha dulè, d'où venez-vous ?
où de venir,

Quoique le verbe n'admette point de conjugaison, certaines particules peuvent indiquer le temps. La particule *ha* paraît être la marque du passé :

shö ha, il est mort (*shö,* mourir)
dza ha, j'ai mangé (*dza,* manger)
ni dza ha, tu as mangé.

Dans le dialecte *nasöpö* on rencontre une particule, *bö,* qui paraît être une marque de pluriel, ainsi :

mmbö, nous
nabö, vous
tibö, ils

sont évidemment formés par l'adjonction de *bö* au singulier :

n', moi
na, toi
ti, il

En *ahsi, sha* paraît être une marque du superlatif :

navra, merci ; *navrasha,* bien merci.

En *nasöpö, lele* semble jouer le même rôle :

göbö, merci ; *göbölele,* bien merci.

Le masculin et le féminin se distinguent, dans certains cas, par l'adjonction d'une particule.

En *ahsi, dhsi,* chien, donne :

dhsipu, chien mâle ; *dhsimu,* chienne.

Ma est une particule finale, quelquefois un diminutif, ou encore une particule de classe. Il existe un assez grand nombre de ces particules de classes.

Un autre son *ma* est la négation :

Ma nye ce n'est pas, non ; c'est l'équivalent du chinois *bu shö.*

Nge ma nge est la traduction littérale de la locution chinoise : *shö bu shö* est-ce ? n'est-ce pas ?

Il existe en lolo (au moins dans le dialecte *nyipa*) quatre tons différents que je caractériserai comme suit, en prenant pour terme de comparaison les tons du chinois de Péking.

Deux de ces tons lolo rappellent le *hia-ping* pékinois, mais sont l'un plus et l'autre moins élevé que ce ton. Les deux autres se rapprochent du *kiu-cheng* pékinois, mais sont l'un moins et l'autre plus profond que le ton chinois. Il m'a semblé que certains mots étaient prononcés au *chang-cheng* de Péking, mais peut-être est-ce simplement l'accent tonique qui m'a donné cette impression.

L'accent tonique, dans les mots de deux ou de trois syllabes, est généralement sur la première.

VOCABULAIRE LOLO

en trois dialectes (AHSI, NASŎPÖ, NYIPA), parlés dans la province
chinoise du Yun-Nan

RECUEILLI PAR M. PAUL BOELL

avec les mots correspondants des vocabulaires de MM. Doudart
de Lagrée, Baber et Hosie.

	AHSI	NASÔPÔ	NYIPA	LAGRÉE	BABER	HOSIE
Homme	zapo	sodo	zaju	ye	ts'u	
Femme	madjemo	mônôm'	anene	ameu		
Père	aba	adi	ibâ, abâ	tété	a-ta	
Mère	amo	aniè	ima, amà, ema	amo	a-ma	
Frère	nidhse		viç-ne			
Frère aîné	am'	gogô	apu	ako	a-mu	
Frère cadet	nidshô	godi	ni 'he	naché	e-ni	
Sœur aînée	avi	apô	aja			
Sœur cadette	nômo		nômâ			
Sorcier			pimo			
Sorcière			shôma			
les Lolo noirs	niesopo	napô	neissô			
les Lolo blancs	hsepo		hsihslu			
les Sha-jen	hsinie		hsini			
les Chinois	ludyi	sha	hse, ladyi	tani	ha-ga	
les étrangers			dyidso			

	AHSI	NASÖPÖ	NYIPA	LAGRÉE	BABER	HOSIE
tête	oko	ogo	oko	nkeu	a-tch'e	
cheveux	utshö	otsa	utsö	nsse	djih-p'o	onieh
natte de cheveux	utshetĕ	utiè	uhslöta			
yeux	niesha	nadu	neissö	nisseu	ni-ssu	nüeh tzŭ
nez	nobo	nobie	nabi	moko	ne-bi	ngi pi
bouche	nipie	nie	inia	nepi	k'a-p'ien	
dents	djagö	djöhè	djöma		djih-ma	jima
langue	lu	hslu	hsla	lope	shie	hai ni
oreilles	nopa	nopo	napo	lopa	na-bu	ngo po
cœur	ng'mu	nie	ng'ma		he-ma	
ventre	opo	api	ipi	ape	ha-ma	
main	liego	la	lepe	leche	lo	ku tzŭ
pouce	ledjemu	lam'	ledjema	lemo	lo-ma	lo mo
index	ledjejo	ladjöö	ledjeza			lu chei
pied	tshôbie	bôè	dhsebe	go	tch'i-shi	hsi po

— 12 —

	ANSI	NASÔPÔ	NYIPA	LAGRÉE	BABER	HOSIE
le ciel	mmpi	mmö	mmkè	ano	mu-mie	hubu
la terre	midè	mi	midhsi	miko	mi-di	'mdo
pays			mitè		mi-di	
le soleil	lidyi	nidyi	lodjōma	atso	he-hu-shio	momei
la lune	hslobū	abu	hslabama	obomo	la-ba	chlobo
les étoiles	djazō	tiezu	kezā		mu-tchio	'm chei
année	khu	ku	khu		koa	
mois	hslo		hsla		bu-la	
jour	ni		ng'		nien	
pluie	mmho	muhu	mha	akoké	ma-ha	mahaja
neige	wodu	vōdu	vadla		wo	vo chioh
vent	mmhslō	mihē	mmhslō	missé	mir	milho
vent du Nord	dhslehslebu					
— du Sud	tsohslepō					
— d'Est	dyidiego					
— d'Ouest	dyidōgo					
montagne	bho	bhō	bhō	boté	buia	pulo
rivière	yimo	dyi	juhsla	lamo	nui	shi bu

	AHSI	NASÔPÔ	NYIPA	LAGRÉE	BABER	HOSIE
tigre	lu	lo	lā		la	
lapin	hsalojo	ohslo	tou		t'a-la	
dragon	lo	lu	lu		luo	
serpent	hamu	buhsô	shô		vu	
cheval	alũm	mu	mm'	mo		moh
mouton	jwõ	'ho	jwo		yo	ngoh
singe	anu	ano	nu	ye	a-nuo	
poule	ye	ya	ye	tsi	wo	
chien	dhsi	dhsi	dsh	oué	k'e	
cochon	ve	vaa	ve		wo	voh
rat	m'de	'ha	'he		he	
bœuf	ni	ni	ni	ni		

	AHSI	NASŌPŌ	NYIPA	LAGRÉE	BABER	HOSIE
eau	idye	idya	j'	idjé	i-gu	egō
feu	m'te	m'to	m'tu	mato	mu-to	'm toh
bois			ssōta	sitzeu	ssu-lo	si pei
arbre			ssōtsè			zou po
bois sacré			midjōdu			
blé		shu	shaza		sha	chala
maïs		mōshō	shapō			
riz		tshem', tsheto	dhsissō, dhsihslu	tchidseu, tsito	dze-tch'uo	chō
thé		tsha	lahsla	lokhe	la	
pierre			luma	louben	lo-mo	erh ma
pierre sacrée			midjō			
argent		tu	hslu	thou	tch'uo	ch'oh
cuivre		dj'	dj'	thong		ich'ei
fer		'ha	'hō	ché	shu-thdhru	shih tu
or		shō	shè	cheu	shih	shih
couteau		atshè	meta			
papier		ssōpè	toye		t'ao-wo	
pendants d'oreilles			nadze			tei jei

	AHSI	NASÔPÔ	NYIPA	LAGRÉE	BABER	HOSIE
un	ti	da	ti	ti	ts'u̥	tzŭ
deux	ni	ni	ng'	nhi	ni	ni
trois	ssô	ssô	ssô	sa	su, soa	swa
quatre	li	hsli	hsl'	fé	erh	li
cinq	u	ngu	ngo	ngo	ngu	ngou
six	dshu	tshu	ku	tchou	fo	hu
sept	shô	shi	shô	che	shih	shih
huit	hi	hi	he	he	shie	hei
neuf	ku	kô	kô	kou	gu	gu
dix	tse	tse	tsi	tseu	tch'ie, ts'e	tsei
cent	tiho	da'hu	tiha	tin ko	ts'u-ha	tzŭ shih
mille	tido	dado	tidu		ts'u̥-tpro	tzŭ t'o
dix mille	tiva	danie	tiva			

— 16 —

	AHSI	NASÔPŌ	NYIPA	LAGRÉE	BABER	HOSIE
droite		lase	aja	ajo		
gauche		lafè	avè	afe		
nord			hsleme			
sud			hslidji		bu-du	
est			djŏdu		bu-djie	
ouest			djŏdlŏ		i-ni-di	
aujourd'hui			in³	taji	shih-ta-di	
demain			agin	ase		
après-demain			pei in			
après-après-demain			hslen			
après-après-après-demain			hslelan			
hier			in²	mousé	a-ni-di	
avant-hier			ishŏtin			
moi		n'	nga		ngo, nga	
toi		na	ni		ni	
lui		ti	kŏ		ts'u, ha-diu	
nous		mmbŏ	asŏ			
vous		habŏ	na			
eux		tibŏ	kŏshŏ			

	ABSI	NASÔPÖ	NYIPA	LAGRÉE	BABER	HOSIE
être		ngo	ngo			
est-ce?		ngo ma ngo	ngo ma ngo			
mourir		hsi	shō	chi kola	ssu	
il est mort			shōba			
marcher		so	ngö			
manger		mamadzu	dza	zozole	d	tzei tsö
j'ai mangé			dzaha			
tu as mangé			ni dzaha			
dormir		yi	kuyi			
dire		di	be	ite	e-djo	edzo
merci	navva	mofo	göhö			
bien merci	navvasha		göhölele			
écrire		sōnangu, ngu	sögu			
caractère d'écriture		suna				
adorer			da			

Notre vocabulaire présente les éléments vocaliques suivants :

VOYELLES

i français
e é français
è français
a —
à comme dans l'anglais *all*
o français
ö allemand
u *ou* français
ü u français.

Il convient de joindre à ces voyelles la combinaison ie équivalente à *ier* dans le français pan*ier*.

CONSONNES

b bh p	l
d t	m
dz ts tsz	mh mmh
dj dsh	mt
dy dhs dhsl	mmb mmp
dl	mmk
v vv f w	mmshl
g k kh	mmhsl
gv	mw
h 'h	n
y hs hsl	ny
j sh	ng
jw	z s ss

Les lettres et combinaisons de lettres suivantes demandent quelques indications :

bh = b dur, intermédiaire entre b et p.
dy = d + y consonne.
vv = v renforcé.
w = comme dans l'anglais *war*.
g = comme dans le français *garçon*.
kh = k fort, non guttural.
h = aspirée française, comme dans *haricot*.
'h = gutturale.
y = consonne, comme dans l'anglais *year*.

hs = sifflant, comme *ch* dans l'allemand *griechisch*.
hsl = hs + l, ll gallois.
sh = anglais comme dans *shall* (ch français).
ng = comme ng dans l'anglais *singing*, ou comme dans le chinois de Péking *ngo* dans Ngo-lo-sse, Russie.

Sauf indication contraire, les lettres employées ont la même valeur que dans l'alphabet français. Dans les combinaisons, chaque lettre conserve sa valeur individuelle : ainsi dl = d + l comme dans l'allemand *adler*.

Dans le vocabulaire de M. Doudart de Lagrée u = u français ; ou comme dans ouragan ; eu = ö.

M. Baber et M. Hosie ont généralement suivi l'orthographe de Sir Thomas Wade. Pour les non-sinologues, il est utile d'avertir que ŭ et ṳ = ö ; que shih = shö ; que l'h à la fin des mots rend brève la voyelle qui précède ; u comme en italien ; ü comme en allemand.

EXTRAIT DU *Mi fo Kö*, GÉOGRAPHIE POÉTIQUE DES *Nyi pa Lo lo*.

A me ve ma u
ve u nö ku sa
Lö DI nge nge pö
              (*Lödi* = chinois Lou-lan-tcheou).

===

mshle ne ma dzö
dze dze mu hslö jo
mwo go GÖ PU MO
              (*Gö-pu-mo* = chin. Lao-Kouei-chan).

===

dla pu tu ma ne
dla ne du sa hse
DE PÖ hse lo ma
              (*Depö* = chin. I-liang-hien).

===

la nga li dzö dzö
li dzö la nga jo
Go za dzö ga pö
              (*Goza* = chin. Yun-nan-fou).

===

tshö dza lan ta
lan dshö dyin ye
Lu mu jö mi te

    (*Lumujö* = chin. Lou-mei-i).

la i pu ma dle'
hsi i pu dla sha
Lu DLA lu ma go

    (*Ludla* = chin. Tchen-Kiang-fou).

ye dshe du ma dle
si shö de la djo
tö dshö DE PU MÅ

    (*Depumå* = chin. Lao-tchou-chan).

mu za ve ma dshö
mu ma dshö la kè
HSLE SHÖ hsla ke ma

    (*Hsle-shö* = chin. Li-sin-tchen).

t'ho o dzö ma le
ma ne dzö dja 'he
Nu ʜö da ma djö

    (*Nu hò* = chin. No hao).

AUTRE TEXTE *nyi pa*

E ma nö sha la
sen ta tshra
(sen = ssö ng').
e ma tszu ku za
e ma ga lö lö

e ma nö sha la
se shö he ma shö
he shö hsla ni me
e ma nö sha la

    (variante : mni a ni me ma).

se hsla mmhslö
e ma nö sha la
se hsla na ga dshö
nö na ga ma dshö

Mère, ta fille est triste — depuis trois jours tu es partie — mère, reviens — mère, je pense à toi.

Mère, ta fille est triste — l'arbre meurt, la racine ne meurt pas — la racine meurt, la feuille se sèche — mère, ta fille est triste.

Le vent agite la feuille — mère, ta fille est triste — la feuille a un peu de vie — ta fille n'a plus de vie.

BAUGÉ (MAINE-ET-LOIRE). — IMPRIMERIE DALOUX

Printed by Libri Plureos GmbH in Hamburg, Germany